CATALOGUE

DES

TABLEAUX

Des Écoles

ITALIENNE, FLAMANDE ET FRANÇAISE

QUI COMPOSENT

Le Musée de la ville de Lille,

Avec des notices sur la vie et les ouvrages des principaux Peintres.

Lille.

IMPRIMERIE DE L. JACQUÉ, PLACE DU THÉATRE, N.° 64.

1832.

EXTRAIT

Du registre aux arrêtés du Maire de la ville de Lille, département du Nord,

NOUS MAIRE de la ville de Lille, département du Nord.

Vu l'arrêté de notre prédécesseur en date du 1.er avril 1803 portant réglement pour le Musée de peinture.

Vu les propositions que nous a adressées M. le Conservateur du Musée.

Considérant que plusieurs dispositions de l'arrêté ci-dessus mentionné sont tombées en désuétude.

Considérant aussi que pour encourager l'étude des beaux-arts en cette ville il est nécessaire de faciliter l'accès du Musée à ceux qui les cultivent.

AVONS ARRÊTÉ ET ARRÊTONS CE QUI SUIT :

1.° Le Musée sera ouvert au public le dimanche et le jeudi de chaque semaine depuis onze heures du matin jusqu'à quatre heures après midi.

2.° Les étrangers y seront admis tous les jours depuis huit heures du matin jusqu'à quatre heures du soir.

3.° Les élèves, les artistes et les amateurs y seront aussi admis tous les jours, depuis 6 heures du matin jusqu'a 6 heures du soir, pendant les mois d'avril, mai, juin, juillet, août et septembre, et depuis huit heures du matin jusqu'à 4 heures du soir durant les autres mois.

4.° Les permissions de faire des études dans le Musée seront données par le Conservateur. Ces permissions devront être exhibées au concierge. Elles ne seront accordées aux élèves qu'autant qu'ils produiront un certificat de capacité délivré par leur maître.

5.° Tout élève qui se rendrait coupable de quelque désordre sera puni d'une exclusion temporaire ou définitive selon la gravité de la faute; cette punition sera prononcée par le Conservateur sauf notre approbation, et sans préjudice des poursuites à exercer contre lesdits élèves, leurs parens ou tuteurs pour les dommages qu'ils auraient causés en dégradant les tableaux ou le mobilier de l'établissement.

6.° Les dispositions de l'arrêté du 1.er avril 1803 qui ne sont pas rappelées dans le présent arrêté sont abrogées.

Fait à la Mairie, à Lille, le vingt-quatre décembre mil huit cent vingt-neuf.

Signé Le Comte DE MUYSSART.

Pour extrait conforme,

Le Maire de Lille,

Le Comte DE MUYSSART.

CATALOGUE
DES TABLEAUX
du Musée de Lille.

École flamande.

RUBENS.

Pierre Paul Rubens, fils de Jean Rubens, professeur de droit et échevin d'Anvers, naquit en 1579 à Cologne, où son père s'était refugié pour se mettre à l'abri des fureurs de la guerre civile qui désolait sa patrie. Le jeune Rubens reçut une brillante éducation, il apprit jusqu'à sept langues. De retour à Anvers qui était rentrée sous la domination de l'Espagne; il y eut pour premier maître Van-Oort, peintre de grande espérance, mais qui se perdit par son goût pour la débauche. Dégoûté de sa conduite, Rubens le quitta pour entrer dans l'atelier d'Octavio Van-Veen, connu sous le nom d'Ottovenius qu'on surnommait le Raphaël flamand, mais que Rubens ne tarda pas à surpasser. Le jeune artiste avait à peine 23 ans quand il fut envoyé par la protection d'Albert, Archiduc d'Autriche, à la cour de Vincent de Gonzague, Duc de Mantoue, qui le prit à son service en qualité de Gentilhomme. Il y resta pendant sept ans, qu'il employa à perfectionner son talent par l'étude des grands maîtres de l'Italie. Il alla à Rome copier les principaux tableaux de Raphaël et de Jules Romain, et à Venise, étudier les ouvrages du Titien et de Paul Véronèse. A l'âge de trente ans, il fut nommé par le Duc de Mantoue, son envoyé en Espagne, et remplit ce pays de ses ouvrages. Il retourna alors à Anvers, possesseur d'une fortune considérable dont il fit toujours un digne usage. En 1620, Rubens âgé de 43 ans, fut chargé par Marie de Medicis d'exécuter cette galerie, où il a représenté en 24 tableaux les principaux événemens de la vie de cette Reine. Ce grand ouvrage fut exécuté presque tout entier à Anvers. L'éducation distinguée que Rubens avait reçue, et la société des Princes dans laquelle il passa presque toute sa vie, lui permirent d'acquérir d'autres talens que ceux d'un artiste; il fut un habil négociateur, et contribua puissamment en 1630 à faire conclure la paix entre la France et l'Angleterre. Il mourut à Anvers en 1640, âgé de 63 ans.

Le grand mérite de Rubens, c'est la fidélité avec laquelle il imite la nature. On lui a quelquefois reproché de sacrifier l'élégance à la vérité, il a même fait quelques tableaux dans le genre du vieux Teniers où il a si parfaitement imité la manière de cet artiste que les plus habiles connaisseurs s'y sont trompés. Rubens peut être regardé comme l'un des plus grands coloristes, ses compositions sont pleines de goût, de grandeur et d'imagination. Il ne peignait jamais sans se faire lire de la poésie ou de l'histoire, et appelait ses heures de récréation celles qu'il consacrait à l'étude de la littérature. Rubens peignit avec un égal succès l'histoire, le portrait, le paysage, les fruits, les fleurs et les animaux. Il avait un génie si fécond qu'il composait souvent trois ou quatre fois sur le même sujet dans le même instant sans qu'il y eut rien de ressemblant dans ces différents tableaux; il excelle surtout dans le genre historique. Ses principaux ouvrages outre la galerie de Médicis, sont la fameuse descente de croix et les quatre évangélistes d'Anvers.

N.° 1 La descente de croix.

2 La Madelaine mourante.

3 S.t François recevant l'enfant Jésus des mains de la Vierge.

4 S.t François.

5 S.t Bonaventure, Cardinal.

VANDYCK.

Antoine Van Dyck ou par corruption Vandyck, fils d'un peintre sur verre, naquit à Anvers en 1599. Après avoir eu pour premier maître Henri Van Balen, habile coloriste, il entra dans l'atelier de Rubens dont il fut bientôt l'élève le plus distingué. A l'âge de 20 ans il fit le voyage d'Italie où il s'arrêta surtout à Venise, pour étudier les beaux portraits du Titien et de Paul Véronèse. De retour dans sa patrie, il la remplit de ses chefs-d'œuvre et gagna surtout des sommes immenses en faisant les portraits des personnages les plus illustres de la Hollande et de la Belgique. Avide d'acquérir des richesses qu'il dissipait dans les plaisirs, et connaissant la libéralité des Anglais, Vandyck alla à Londres, espérant y recevoir l'accueil le plus favorable, mais ses mœurs licencieuses et ses opinions aristocratiques déplurent à la majorité du peuple anglais. Le Roi Charles I.er le dédommagea de ce mauvais succès en le comblant de bienfaits, mais il ne put jouir longtems de la faveur de ce Prince; après avoir ruiné sa santé par la débauche et sa fortune par la recherche de la pierre philosophale, il mourut à Londres à l'âge de 42 ans, l'an 1641.

Vandyck est le premier peintre de portraits qui ait jamais existé, on prétend qu'il eut égalé Rubens s'il se fut adonné spécialement à l'histoire; plusieurs parties de la fameuse descente de croix d'Anvers ont été faites par Vandyck à l'insçu de Rubens, et ce grand maître ne les a pas désavouées.

6 Jésus-Christ sur la croix.

7 S.t François présentant une hostie à un vieillard.

8 Portrait de Marie de Médicis.

CRAYER.

Gaspart de Crayer naquit à Anvers en 1582. Rubens ne s'était pas encore fait connaître à l'époque où Crayer commença à s'adonner à la peinture, le jeune artiste n'eut d'autre maître que Raphaël Coxie, peintre fort médiocre de Bruxelles, où il mourut en 1669, âgé de 87 ans. Sa longue carrière avait été ornée par la pratique de toutes les vertus.

Crayer a fait des portraits qu'il est souvent difficile de distinguer de ceux de Vandyck. Ses tableaux d'histoire se font remarquer par la sagesse de la composition, par la correction du dessin et par la fonte des couleurs. Le plus bel éloge de Crayer, c'est ce mot si flatteur, quoique si exagéré de Rubens; *Crayer, Crayer, personne ne vous surpassera.*

Le tableau des *Martyrs enterrés vivans*, est un de ses chefs-d'œuvre.

9 Martyrs enterrés vivans.

10 L'Assomption de la vierge, d'après Vandyck.

11 La pêche miraculeuse.

ARNOULD DE VUEZ.

Arnould de Vuez, fils d'un tourneur de Vérone, naquit à Oppenois, près de St. Omer en 1642. Son père l'envoya à Paris où il entra dans l'atelier du frère Luc, récollet, peintre assez estimé à cette époque. Ses parens italiens qui étaient forts riches lui fournirent les moyens d'aller à Rome où il étudia surtout Raphaël. Il y remporta le premier prix de dessin, ce qui excita contre lui une telle envie que ses rivaux faillirent l'assassiner. Forcé de quitter Rome pour sauver sa vie, il retourna à Paris où Lebrun lui fit avoir une pension du Roi. Louvois l'envoya à Lille où il se fixa, aimant mieux, comme il écrivait à ce maître, *être le premier à Lille que le second à Paris.* De Vuez remplit Lille de ses ouvrages, il y exerça pendant trois ans les fonctions d'échevin, et y mourut en 1724, âgé de 82 ans.

Arnould de Vuez peignait l'histoire dans le genre de Raphaël. Il a fait aussi de beaux portraits et peint des bas-reliefs fort estimés. Lille possède ses meilleurs ouvrages.

12 St François recevant les stigmates.
13 St Bonaventure écrivant devant un crucifix.
14 St Augustin guérissant des malades.
15 Ste Cécile.
16 Une Vierge.
17 St Augustin distribuant des aumônes aux pauvres.
18 St François prêchant.
19 Un saint Récollet guérissant la jambe d'un jeune homme.
20 Une femme peinte à mi-corps.
21 Le jugement dernier, esquisse.
22-23-24-25 Quatre esquisses.
26 Seize tableaux sous le même N.° représentant des Comtes et Comtesses de Flandres.

---

27 L'enlèvement des Sabines, attribué à Le Bouteux.

JACQUES VAN-OOST.

Jacques Van-Oost surnommé *le jeune*, pour le distinguer de son père Van-Oost qui s'est aussi fait un nom dans la peinture, naquit à Bruges en 1637. Après avoir fait le voyage d'Italie, il se maria à Lille où il demeura 41 ans et où il a laissé ses meilleurs ouvrages. Il alla passer les dernières années de sa vie dans sa patrie où il mourut à l'âge de 76 ans. La correction du dessin est le principal mérite de Van-Oost le jeune, on compare quelques-uns de ses portraits à ceux de Vandyck.

28 Une Vierge.

29 Un Carme pansant la jambe d'un frère de son ordre.

30 Un Augustin et la Vierge.

31 La Vierge et St Joseph présentant l'enfant Jésus.

JORDAENS.

Jacques Jordaens, né à Anvers en 1594, fut élève d'Adam Van Oort, le premier maître de Rubens. Les vices de ce peintre auraient également décidé Jordaens à abandonner son atelier, s'il n'avait aimé sa fille qu'il épousa. Il ne put faire le voyage d'Italie, mais il réussit à se procurer les meilleurs ouvrages du Titien qu'il copia. Jordaens fut l'ami intime de Rubens, qu'il aida à peindre la galerie de Médicis. Il mourut à l'âge de 84 ans, dans sa ville natale qu'il n'avait jamais quittée.

Jacques Jordaens est le meilleur élève de Rubens dans le genre historique.

VANDER-BURG.

32 - 33 Deux tableaux représentant des Apôtres.

34 - 35 Deux tableaux même sujet.

36 Un grand paysage.

37 Un paysage avec cascade.

YCART.

38 Un tableau de genre.

BENT.

39 - 40 Deux paysages avec figures et Animaux.

FRANCK.

Sébastien Franck, né à Anvers en 1573, peignit avec succès l'histoire et le paysage. On ignore l'époque de sa mort.

41 Jésus-Christ allant au calvaire.

DARTOIS.

42-43 Deux paysages.

SIMON DE VOS.

Simon De Vos naquit à Anvers en 1603. On ne sait rien de sa vie. C'est un assez bon peintre d'histoire.

44 La Résurrection.

RUISCH.

Rachel Ruisch, fille du célèbre anatomiste Ruisch, naquit à Amsterdam en 1664, peu d'artistes ont su peindre avec plus de fidélité les fleurs et les fruits. Elle fut nommée par l'électeur Palatin, peintre de la cour de Dusseldorf où elle fit plusieurs voyages. Elle mourut dans sa patrie en 1750, âgée de 86 ans.

45 Deux tableaux de fleurs.

DELEN.

46 Tableau d'architecture ; les personnages par Téniers.

BREUGHEL.

Jean de Breughel, fils de Pierre de Breughel, peintre distingué, naquit à Bruxelles en 1589, il étudia long-tems la nature en Italie et devint un des premiers paysagistes de l'école flamande.

Son chef-d'œuvre est un paradis terrestre dont les figures sont de Rubens. Il mourut vers 1643.

47 Paysages.

SAUVAGE.

48 Un bas-relief.

VERSTEEGH.

49 Une femme lisant à la lumière.

D'après RUBENS.

50 Une esquisse de Cornil Schut.
51 Tête d'enfant.

D'après VANDYCK.

52 Un Donataire.

DE HEEM.

53 Deux tableaux de fleurs.

Maître inconnu.

54-55 Deux tableaux représentant des sabbats dans le genre de Téniers.
56 Un paysage dans le genre de Berghem.
57 Une chasse au lion.
58 S.t Jérome.
59 Chèvres et moutons, attribué à Vanderkabel.
60 Une tête de femme.
61 Une tête de vieillard.

62 Portrait d'homme.
63 Portrait d'un architecte.
64 Une vierge.
65 Portrait de femme, attribué à Vandyck.
66 Une Vierge entourée de fleurs.
67 Paysage avec animaux, genre de Van Breda.
68 Paysage avec un moulin. —— Marine.
69 Tableau dans le genre de Téniers.
70 Des huîtres et des fruits.
71 Marine hollandaise, genre de Vander-Meulen.

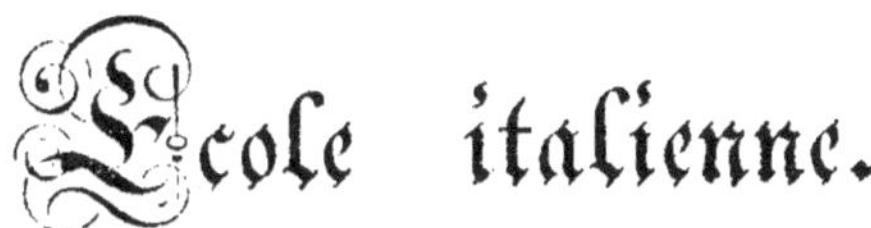

École italienne.

RAPHAEL.

Raphaël Sanzio naquit à Urbin en 1483 de Jean Sanzio, peintre médiocre. Il eut pour premier maître Pierre Pérugin qu'il ne tarda pas à surpasser. La renommée des ouvrages de Léonard de Vinci et de Michel-Ange l'attira bientôt à Florence, et, dès qu'il eut connu les chefs-d'œuvre de ces grands maîtres, il changea totalement de manière de peindre. Bramante, célèbre architecte son parent, le présenta au Pape Jules II qui faisait exécuter alors les peintures du Vatican. Ce Pontife conçut une telle admiration pour Raphaël, qu'il lui confia une partie de ce grand travail, et dès qu'il eut vu son tableau de l'école d'Athènes, il alla jusqu'à faire détruire tout ce qui avait été commencé par d'autres peintres pour laisser un libre cours au génie de Raphaël. Seulement, par reconnaissance pour son maître, Raphaël voulut que l'on conservât un plafond exécuté par Pierre Pérugin. Léon X continua à Raphaël les faveurs dont Jules II l'avait comblé, on prétend même qu'il voulut le faire Cardinal. Raphaël fut bientôt recherché par tous les souverains étrangers. Henry VIII, fit de vains efforts pour l'attirer en Angleterre. Raphaël était en même temps sculpteur et architecte. On a des figures exécutées de sa main, des palais construits d'après ses dessins. La douceur et la modestie de ce grand peintre le faisaient aimer de tous ceux qui le connaissaient. Jules II et Léon X ne pouvaient se séparer de lui. Malheureusement sa vie fut abrégée par la passion qu'il avait pour les femmes. Une maladie dont il dissimula la cause et qui fut traitée comme une pleurésie l'enleva aux arts l'an 1520, âgé de 37 ans.

Raphaël est le premier peintre des tems modernes, le plus grand peut-être qui ait existé au monde; il a obtenu d'aussi brillans succès dans le portrait que dans l'histoire; mais c'est surtout dans les sujets que se déploie toute la sublimité de son génie. Ses vierges sont d'une pureté et d'une dignité inimitables. De longues études anatomiques lui permirent d'atteindre à la perfection du dessin. Formé par un maître à qui le sentiment du coloris était étranger, il fit par lui-même de grands progrès dans cette partie si importante de l'art, et ne laissa plus qu'un pas á faire au Titien pour arriver à la perfection. La qualité éminente des compositions de Raphaël c'est la grace empruntée à l'antiquité, mais tempérée par la dignité du christianisme.

Le chef-d'œuvre de Raphaël c'est le tableau de la transfiguration dans l'église de S.t Pierre à Rome.

Le charmant petit tableau que nous possédons a été repété plusieurs fois dans son atelier par lui-même.

72 Une Sainte famille.

JULES ROMAIN.

Jules Pipi, connu sous le nom de Jules Romain, naquit à Rome en 1492. Il fut le meilleur élève de Raphaël et aida ce grand maître à exécuter la plupart de ses ouvrages. Jules Romain a beaucoup travaillé au Vatican. Raphaël le fit son héritier, et le chargea de terminer tous les tableaux qu'il avait laissé inachevés.

Jules Romain, après la mort de Léon X, alla travailler à la cour du duc de Mantoue qu'il refusa de quitter malgré les offres brillantes de François I.er Il était comme son maître excellent architecte. Il venait d'être nommé architecte de St. Pierre lorsqu'il mourut à Mantoue en 1546, âgé de 54 ans.

Les ouvrages que Jules Romain a exécutés du vivant de Raphaël se confondent presque avec les ouvrages de ce grand maître. Les tableaux qu'il a faits à Mantoue, et dans lesquels il est original, sont d'un genre extrêmement sévère ; il y déploye un luxe d'érudition qui finit souvent par fatiguer. Le ton en est quelquefois trop dur et le coloris trop peu gracieux et trop peu naturel, mais les figures en sont pleines de grandeur et de vie.

73 Ecole d'Athènes, d'après Raphaël.

LE GUIDE.

Guido Reni, connu sous le nom de Guide, naquit à Bologne en 1575. Il fut formé par les leçons de Louis et d'Annibal Carrache. Le pape Paul V et la ville de Gènes le choisirent de préférence à tous les autres peintres de son époque pour orner leurs églises de ses tableaux. Les Rois de France, d'Espagne et de Pologne lui demandèrent de ses ouvrages et lui firent les remerciemens les plus flatteurs. Il travaillait la tête découverte devant le Souverain Pontife. Lors d'une de ses entrées à Rome, les Cardinaux envoyèrent leurs voitures au-devant de lui, comme s'il eut été un ambassadeur. Les mœurs du Guide eussent été irréprochables, s'il ne s'était abandonné à la passion du jeu qui le ruina. Il mourut à Bologne en 1642, âgé de 67 ans.

Le Guide porta dans ses premiers ouvrages la manière forte et prononcée de ses maîtres, mais par les conseils d'Annibal, qui voulait opposer le talent de son élève à celui du Caravage, dont la manière obscure avait alors beaucoup de partisans, il changea totalement de système. Un coloris tendre et délicat, un choix de formes nobles et gracieuses, distinguèrent ses nouvelles productions. On remarque dans toutes un pinceau léger et coulant, une touche spirituelle, un dessin correct, une couleur pleine de vie. Ses têtes de femmes surtout sont admirables.

74 Une Sybille.

PAUL VÉRONÈSE.

Paulo Caliari, connu sous le nom de Paul Véronèse, naquit à Vérone en 1532. Il n'eut d'autre maître qu'Antonio Badile son oncle. Ce fut l'étude des ouvrages du Titien dont il fut l'ami intime, qui contribua surtout à développer son beau talent. Il passa presque toute sa vie à Venise où il embellit le palais de Saint Marc de ses ouvrages.

Il mourut en 1588, âgé de 56 ans. Sa conduite avait été irréprochable. Quoiqu'il fut un modèle de désintéressement il laissa une fortune considérable.

On reproche à Paul Véronèse de n'avoir pas assez étudié l'antique et de manquer d'unité dans ses compositions.

La vérité du coloris et de l'expression des figures est le mérite éminent de Paul Véronèse. Le Guide disait que chez tous les autres peintres on sentait l'art, que chez lui seul on retrouvait la nature.

75 Le martyre de S.t Georges.

LE BASSAN.

Leandro Bassano de Ponte, dit *le cher Léandre*, fils du fameux *le Bassan*, naquit à Bassano en 1558 et mourut à Venise en 1623, âgé de 65 ans.

Il excellait surtout à faire le portrait. Son humeur sombre et mélancolique qui lui faisait craindre sans cesse d'être empoisonné, nuisit beaucoup au développement de son talent.

76 Les vendeurs chassés du temple.

77 L'intérieur d'un ménage.

SALVATOR ROSA.

Salvator Rosa naquit en 1615, près de Naples. Il eut pour maître Ribera, connu sous le nom de l'*Espagnolet*. Salvator Rosa, qui s'occupait beaucoup de littérature, fit des satires virulentes contre le gouvernement Napolitain, et prit même part à une révolte; ce qui le força à chercher un asile à Rome, où il fut accueilli très-favorablement, et où il mourut en 1673, âgé de 58 ans.

Salvator Rosa avait de grandes prétentions au genre historique, mais il excellait surtout dans le paysage, qu'il peignait presque toujours de souvenir. Il recherchait surtout l'originalité et achevait souvent un tableau en un jour, aussi la correction et l'exactitude manquent-elles souvent à ses compositions.

78 Un paysage.

VIGNON.

Vignon, né à Tours, élève du Caravage, a fait des tableaux assez estimés dans le genre de son maître.

79 Adoration des Rois.

SASSENIO.

80 Fuite en Égypte.

MARATTI.

Carlo Marratti, né dans la Marche d'Ancône en 1625; travailla dès l'âge de douze ans à Rome, où les Papes l'employèrent à achever divers ouvrages de Raphaël et du Guide. Quoiqu'il n'eût jamais été en France, Louis XIV le nomma par brevet son peintre ordinaire. Il mourut à Rome en 1713, âgé de près de 89 ans.

Marratti, dont le principal mérite est la perfection du dessin, est le dernier grand peintre qu'ait produit l'École Romaine, ce qui l'a fait surnommer *le dernier des Romains.*

81 Dédicace du temple de la Paix.

ROMANELLI.

Jean-François Romanelli, né à Viterbe en 1617, élève de Pierre de Cortone, se distingua à Rome et à Naples, mais il plut surtout au Cardinal Mazarin qui le présenta à Louis XIV. Ce prince lui fit exécuter divers travaux importans, entr'autres les beaux plafonds du Musée des antiques au Louvre. Il mourut à Viterbe en 1662, âgé de 45 ans.

Romanelli ne manque ni de facilité, ni de correction, ni de grâce; mais on désirerait quelquefois un peu plus d'énergie dans sa touche.

82 Minerve couronnée par la Victoire.

ANDRÉ DELSARTE.

Andréa Vannuchi, dit André Delsarte, naquit à Florence en 1488. Contemporain de Raphaël, il étudia longtems ses ouvrages et acquit une grande renommée en Italie et en France. François I.er le fit venir à Paris où il a laissé plusieurs ouvrages. La peste l'enleva à Florence en 1530, dans sa 42.e année.

On remarque dans les tableaux d'André Delsarte une belle dégradation de couleurs, une fonte admirable et une facilité surprenante, mais il manque quelquefois de noblesse.

83 La Vierge, l'enfant Jésus, S.t Jean et trois Anges.

PIAZETTA.

Piazetta naquit en 1683 et mourut à Venise en 1754. Il avait étudié les chefs-d'œuvre des Carraches, mais il ne connaissait pas assez les modèles de l'antiquité. Quoiqu'il ne soit pas dépourvu de talent son dessin manque de correction.

84 Assomption de la Vierge.

ALLONY.

85 Judith tenant la tête d'Holopherne.

DOSSO.

86 Le Christ en jardinier.

COLONIA.

87 Le réveil des bergers.

D'après RAPHAEL.

88 Enlèvement de Psyché.

ÉCOLE DES CARRACHES.

89 Le Christ au tombeau.

GILLEMANS.

90 Des fruits.

MAÎTRE INCONNU.

91 Deux portraits vénitiens.
92 Fuite en Egypte, grand paysage.
93 Vue des Alpes.
94 Un incendie, tableau attribué à Vanderpool.
95 Le Christ au tombeau.

École française.

LE BRUN.

Charles Le Brun, né à Paris en 1619, se fit connaître dès l'âge de 15 ans par des productions remarquables. Vouet fut son premier maître. Il alla sous la direction du Poussin travailler six ans en Italie. De retour à Paris, il fut présenté par Fouquet au Cardinal Mazarin qui le fit connaître à la cour. En 1662, Colbert le fit anoblir et nommer premier peintre du Roi. Le Brun fut chargé de la distribution des encouragemens que le Roi prodiguait aux artistes. Ce fut lui qui eut l'heureuse idée d'envoyer à Rome, aux frais du gouvernement, les jeunes peintres qui avaient obtenu les premiers prix de l'académie. Il mourut à Paris, en 1690, à l'âge de 71 ans.

Le Brun avait fait une étude approfondie de son art. Peu de peintres ont été plus savans et plus corrects, mais on trouve quelquefois trop de monotomie dans ses figures. Il avait surtout étudié le genre des Carraches. Les cinq grands tableaux de la vie d'Alexandre sont le chef-d'œuvre de Le Brun.

96 Hercule assommant Cacus.

MIGNARD.

Pierre Mignard, né à Troie en 1610, faisait à onze ans des portraits d'une ressemblance frappante. Il eut aussi Vouet pour maître, mais il ne tarda pas à partir pour l'Italie et se fixa même à Rome, où il séjourna vingt-deux ans. Rappelé en France par Louis XIV, il fut anobli et succéda à Le Brun dans l'emploi de premier peintre du Roi. Mignard fut étroitement lié avec Boileau, Racine et Molière. Il mourut à Paris en 1695, âgé de 85 ans.

Le coloris de Mignard est plein d'art et de richesse, mais ses compositions manquent souvent de chaleur et de naturel.

97 La Fortune.

DE LA FOSSE.

Charles De la Fosse, neveu du célèbre tragique De la Fosse, naquit à Paris en 1640. Il entra dans l'atelier de Le Brun qui lui obtint la faveur de faire le voyage de Rome aux frais du trésor royal. La Fosse étudia surtout le Titien et Paul Veronèze. De retour à Paris, il fut chargé par Mignard de peindre le dôme des Invalides qui est un chef-d'œuvre. Il fut nommé recteur de l'Académie de peinture. Il mourut à Rome en 1716, âgé de 76 ans.

La Fosse est le premier coloriste de l'École française. Malheureusement il sacrifie quelquefois à l'étude du coloris celle non moins importante de la correction du dessin.

98 J. C. donnant les clefs à S.t Pierre.

PHILIPPE DE CHAMPAGNE.

Philippe de Champagne, né à Bruxelles en 1602, élève du grand paysagiste Fouquière, vint à dix-neuf ans à Paris où il se lia avec Le Poussin. La Reine Marie de Médicis les employa tous deux au Palais du Luxembourg, et Philippe resta dès lors fidèlement attaché à son service, malgré les offres brillantes que lui fit le Cardinal de Richelieu. Il mourut à Paris en 1674, âgé de 72 ans.

Philippe de Champagne imite scrupuleusement la nature, mais il manque quelquefois d'invention.

99 Annonciation de la Vierge.

100 La Vierge et S.t Joseph en adoration devant Jésus-Christ.

101 Le bon Pasteur.

LE VALENTIN.

Né à Coulommiers en 1600, ami du Poussin, il imita surtout le Caravage, et peignit comme lui avec succès des corps-de-garde, des tavernes et des assemblées de joueurs.

Il mourut à Rome à 32 ans.

102 Des soldats tirant au sort la tunique du Christ.

SÉBASTIEN BOURDON.

Sébastien Bourdon, naquit à Montpellier en 1616. Il fit à dix-huit ans le voyage d'Italie, où il ne put rester que trois ans, parce qu'il y fut dénoncé comme Calviniste. Il alla ensuite en Suède, où la Reine Christine le nomma son premier peintre, de retour en France, il fut admis dans l'académie de peinture, dont il fut peu après élu recteur. Il mourut à Paris en 1671, âgé de 55 ans.

Bourdon peignait également tous les genres. Il lui arriva d'exécuter en un seul jour douze têtes d'après nature. Il abusa malheureusement de cette incroyable facilité, ce qui fait qu'il se trouve beaucoup de négligence dans ses ouvrages.

103 Le Christ soutenu par des anges.

RESTOUT.

Né à Rouen en 1692, neveu et élève de Jouvenet, il fut nommé directeur de l'académie de peinture au milieu du dernier siècle, et mourut à Paris en 1768.

104 Les pélerins d'Emmaüs.

OUDRY.

Né à Paris en 1686, mort à Beauvais à l'âge de 69 ans, il peignait fort bien les animaux.

105 Un combat de coqs.

CHEMT.

106 S.te Thérèse Carmélite.

JOSEPH VERNET.

Joseph Vernet, né à Avignon en 1714, montra de bonne heure les plus heureuses dispositions pour la peinture.

Antoine Vernet, son père, fut le premier et le meilleur de ses maîtres. A peine âgé de dix-huit ans, il partit pour l'Italie n'ayant d'autres ressources que son talent, amateur passionné des beautés de la nature qu'il a su rendre avec une si admirable fidélité. Il séjourna pendant vingt ans en Italie, cédant souvent à vil prix, des chefs-d'œuvre qui acquirent en peu de tems une valeur centuple de celle qu'ils avaient coûtés aux premiers acheteurs. A l'âge de vingt-neuf ans il fut nommé à Rome membre de l'Académie de St. Luc; en 1752, il fut rappelé en France par M. de Marigny, qui le chargea de peindre cette belle collection de Marines, l'un des plus précieux trésors que renferme le musée du Louvre. Ce fut en revenant d'Italie en France qu'au milieu de la tempête la plus affreuse, Vernet, tout entier à son art, se fit attacher à un mât, pour y tracer l'esquisse de la scène sublime et terrible dont il était le témoin, et dont il faillit être la victime. Ce grand peintre mourut en 1789, âgé de 75 ans, entouré de l'estime et de l'admiration de tous ses concitoyens.

Dans les tableaux que Vernet peignit en Italie, on retrouve quelques traces de la touche capricieuse et fantastique de Salvator Rosa. De retour en France, il adopta une manière plus large et plus vraie. Imitateur consciencieux de la nature, il ne voulut plus la créer comme le paysagiste napolitain, il ne chercha désormais qu'à la reproduire et y réussit merveilleusement.

Vernet employa dix ans à peindre sur les lieux mêmes les quinze ports de France, que tous les connaisseurs regardent comme son chef-d'œuvre.

107 Une marine calme, au soleil couchant.

F. WATTEAU.

108 La mort de Socrate.

109 La procession de Lille en 1780.

Tableaux légués à la Ville de Lille par M. Jacops, Marquis d'Aigremont, *Conservateur du Musée, décédé le* 20 *Juin* 1829.

Une escarmouche de cavalerie par Watteau.

111 Une tête en grisaille entourée d'une guirlande de fleurs, maître inconnu.

112 Vue prise de l'entrée du musée, *offert à la ville de Lille par le Conservateur* Bonnier fils, *le* 25 *Mars* 1830.

ABEL DE PUJOL.

113 Joseph expliquant les songes de l'échanson et du pannetier de Pharaon.

TARDIEU.

114 La mort du Corrège.

ANSIAUX.

115 S.t Jean reprochant à Hérode sa conduite.

HILAIRE LEDRU.

116 Le vieux porteur d'eau défaillant.

MONSIAU.

117 Fulvie découvrant à Cicéron la conspiration de Catilina.

D'après LE POUSSIN.

118 Moïse sauvé des eaux.

MAÎTRE INCONNU.

119 Pierre chez Caïphe.
120 La Cène.
121 Le Jugement dernier.
122 Un Evêque s'opposant à l'exécution d'un martyr.
123 Un Evêque à genoux devant une croix.

Nota. Les tableaux des différentes écoles désignés sous les N.os 124 et suivans appartiennent aux écoles académiques.

ARNOULD DE VUEZ.

124 - 125 Deux têtes d'étude.

DESCAMPS.

126 Un Christ d'après A. Carrache.

BREUGHEL ET BRAMER.

127 Une S.te famille.

TILBORGH.

128 Scène de famille.

SIBRECHTS.

129 Un paysage.

Maître inconnu.

130 Un chasseur, fragment d'un ancien tableau.

131 Légumes et fruits.

132-133 Deux tableaux de nature morte dans le genre de Fyt.

134 Scène de Carnaval.

135 Un sacrifice.

136 Tableau de l'école du Poussin.

137 Une bataille.

138 Le jugement de Midas.

139 Un paysage.

140 Tableau dans le genre de Téniers.

141 Tableau du bombardement de Lille, en 1792.

142 Tableau du combat de Jeanne Maillotte, en 1582.

LÉGENDE EXPLICATIVE
DU TABLEAU
DU BOMBARDEMENT DE LILLE,

EN 1792,

PAR LOUIS WATTEAU.

(1) (N.° 141 du catalogue.)

Pour trouver plus facilement dans le croquis lithographique les numéros correspondants à ceux de la légende, il faut les chercher d'abord chacun dans leurs plans respectifs sur les lignes pointées sous la lithographie, puis supposer une verticale élevée de chaque numero j'usqu'à celui tracé sur le croquis.

N.os

1 Albert de Saxe, Général en chef de l'armée Autrichienne, accompagné, de son état-major et visitant la tranchée.

2 Caisson chargé de poudre faisant explosion par l'effet d'un obus français.

3 Dépôt de gabions, outils et pièces démontées.

4 Travailleurs rentrant au camp.

5 Chariot ramenant des blessés et travailleurs enterrant les morts.

6 Tranchées conduisant aux batteries autrichiennes.

7 Ruines d'une maison détruite par les assiégeans.

(1) Le peintre en représentant l'attaque de Lille, dans la nuit du 29 au 30 septembre 1792, avait un trop grand nombre de personnages à disposer aux différens plans de son tableau, pour n'être pas obligé de placer son horison très-élevé, en conséquence, le spectateur est censé regarder la scène du haut d'une maison du faubourg de Fives, à environ 50 pieds au-dessus du sol.

N.os

8 Église et Prieuré de Fives.

9 Obus français éclatant dans les batteries autrichiennes.

10 Batterie de mortiers, celui placé à la droite éclate et fait feu.

11 Batterie de canons.

12 Parapet bordé de tirailleurs autrichiens.

13 Soldats faisant la soupe.

14 Gril à rougir les boulets.

15 Batterie de mortiers.

16 Parapet d'une redoute occupée par l'infanterie autrichienne.

17 Tirailleurs autrichiens embusqués dans des trous de loup.

18 Chemin de traverse bordé d'arbres coupés par les boulets.

19 Faubourg de Fives et route de Tournai.

20 Soldats français tiraillant entre la place et les batteries autrichiennes.

21 Allée d'arbres sciés au pied conduisant à l'ancien château de M. Vanderlinden, propriété actuelle de M. Champon.

22 Lunette de Fives vulgairement dite S.te Agnès.

23 Pont sur l'avant-fossé conduisant de la porte de Fives à la route de Roubaix.

24 Inondation de la lunette de Fives formée par la Chaude-Rivière.

25 Chemin de Fives par la porte St. Maurice.

26 Maison du portier-consigne et barrière du chemin couvert.

27 Porte de Fives.

N.°

28 Demi-lune de la porte de Fives et corps-de-garde de l'avancée.

29 Église et quartier de la Magdeleine.

30 Église collégiale de St. Pierre.

31 Porte St. Maurice.

32 Ancienne Église St. Étienne incendiée.

33 Tour et Église St. Maurice.

34 Moulin dit de l'attaque.

35 Tour et quartier St. Sauveur incendiés.

36 Magasin à poudre vulgairement appelé Noble Tour.

37 Ouvrages à corne de la Noble Tour.

38 Fort St. Sauveur.

39 Grande inondation de la Haute-Deûle près de Wazemmes.

40 Faubourg de Paris.

LEGENDE EXPLICATIVE

DU TABLEAU

DU COMBAT DE JEANNE MAILLOTTE,

EN 1582,

Appartenant à l'Administration des Hospices et déposé au Musée de Lille. (N.° 142 du catalogue.)

NOTICE HISTORIQUE

SUR

JEANNE MAILLOTTE.

Au seizième siècle, lorsque Lille faisait encore partie des Pays-Bas Espagnols, l'insurrection des Provinces-Unies contre Philippe II alluma une guerre sanglante et opiniâtre. Parmi les corps de partisans qui dévastaient les campagnes, on remarquait dans les environs de Lille *les Hurlus*, ainsi nommés, dit-on, à cause des huées qu'on faisait à leur approche. L'occupation d'une place aussi importante que notre ville étant d'un haut intérêt pour les insurgés, les Hurlus avaient tenté à différentes reprises de s'en emparer par un coup de main. Ils auraient réussi en 1582, sans l'héroïsme de Jeanne Maillotte.

Le 29 Juillet, qui était un Dimanche, profitant de la fête paroissiale d'un village voisin, Ils s'y rendirent déguisés, et portant des armes sous leurs habits. Ils se dispersèrent dans les cabarets de ce village, où ils firent semblant de ne s'occuper qu'à jouer et à boire : mais au sortir des vêpres, ils se réunirent au son du tambour, qui était le signal convenu, entrèrent dans le faubourg de Courtray, et attaquèrent Lille, en tirant sur le poste qui en défendait les remparts. Déjà les soldats effrayés prenaient la fuite, et c'en était fait de la ville, lorsque Jeanne Maillotte, hôtesse du Jardin de l'Arc, se saisit d'une vieille Hallebarde, et invite tous les hommes de cœur à la suivre. Electrisés par son exemple, les Confrères de Saint Sébastien, qui s'exerçaient à tirer à l'arc dans son jardin, les habitans du faubourg, un grand nombre de femmes même la suivirent, en s'armant de tout ce qu'ils pouvaient trouver sous la main. Jeanne Maillotte à leur tête soutint courageusement l'attaque des Hurlus, et les força à se retirer, ce qu'ils ne firent pourtant, qu'après avoir brûlé une partie du faubourg.

L'histoire ne nous apprend pas si l'acte de courage et de dévouement de l'héroïne Lilloise a été récompensé.

N.os

1 Château de Lille dit de Courtrai, dont l'étendue est encore marquée par le canal commençant au pont St. Jacques passant sous les rues de Gand, des Célestines et aboutissant au bassin de la Basse-Deûle ; à cette époque le château était presqu'entièrement démantelé.

2 Ancienne porte du château donnant sur les champs, supprimée à cette époque.

3 Église collégiale de St. Pierre.

4 Tours sur l'emplacement desquelles se trouve aujourd'hui la rue *des Tours*.

5 Église St. Étienne brûlée au bombardement de Lille en 1792.

N.os

6 Porte de Courtrai située sur l'emplacement actuel du pont St. Jacques.

7 Église St. Maurice.

8 Jardin de l'Arc dont l'entrée était située place aux Bleuets, à l'endroit où se tient aujourd'hui le Marché aux oiseaux.

9 Maisons du faubourg de Courtrai incendiées par les *Hurlus*.

10 Jeanne Maillotte, hôtesse du Jardin de l'Arc, attaquant les *Hurlus* à la tête des Confrères de St. Sébastien et les forçant à faire retraite.

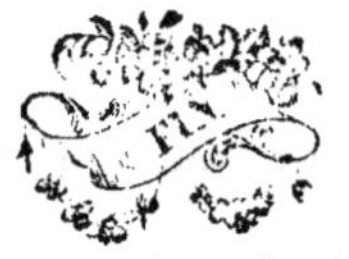

LILLE — IMPRIMERIE DE L. JACQUÉ.

www.ingramcontent.com/pod-product-compliance
Lightning Source LLC
LaVergne TN
LVHW050504160826
845677LV00003B/933

* 9 7 8 2 3 2 9 6 5 3 6 7 9 *